KB210991

크리스천
청년
재테크

크리스천 청년 재테크

김만성 지음

인문학과 돈 그리고 영성
군선교사가 은행 지점장 경험으로
병사들에게 전하는 재테크 노하우!

좋은땅

프롤로그

자본주의 사회에서 살아가는 사람들의 관심사가 재테크다. 그래서 투기 광풍도 분다. 금융계에서 은행지점장으로 근무하면서 얻은 지식과 지혜를 청년 병사들에게 들려주고 싶어 펜을 들었다. 삶의 현장에서 성공과 실패를 맛본 사람에게 듣는 경험이 재테크의 길잡이가 되리라.

군 목회를 하면서 토요일에는 인문학 강의로 병사들의 사고의 폭을 넓혀 주었다. 병사들의 관심사 1순위가 돈이기에 재테크 방법도 알려줬다. 10여 년 전에는 병사들의 급여로 돈을 모을 형편이 안 되었지만, 지금은 급여가 올라서 월 일백만 원 이상이기에 재테크에 대한 지식이 필요하다.

청년의 때는 준비하고 공부하고 도전하는 시기다. 혁신의 시작점에는 반드시 도전적 질문이 있다. 서울대학교 국가미래전략원의 『그랜드 퀘스트 2024』에서 거대한 분야로 성장할 최초의 씨앗이 되는 도전적 질문들이 우리 사회를 바꿀 것이라고 한다. 질문은 잠재력을 끌어내고 새로운 길을 제시하며 성공의 길로 안내하기에 위대하다. 이러한 질문은 내가 던지고 풀어야 내 것이 된다.

20대, 앞에 놓인 난제들을 해결할 최초의 도전적인 질문을 해 보자.

1. (인문학) 인간을 이해하고 인간관계 형성을 위해 성품을 관리하고 있는가?

2. (돈) 자본주의하에서 재테크 지식과 돈을 관리할 수 있는 능력이 있는가?

3. (영성) 성공 습관을 기르고 행복을 유지할 수 있는 축적된 인격과 영성이 있는가?

인생은 종합예술이다. 재테크도 그렇다. 인문적 소양과 돈에 대한 지식과 이를 관리하고 지킬 내면의 힘이 있어야 한다.

크리스천은 왜 재테크를 해야 하는가?

생존 경쟁 사회이지만, 하나님을 믿는 사람은 이삭처럼 양보하고 밑지고 살아야 한다는 것이 일반적인 인식이다. 크리스천은 선한 영향력으로 빛과 소금의 역할을 감당해야 한다.

주님은 제자들을 세상에 보내시면서 양을 이리 가운데 보냄과 같다고 하시며 지혜롭고 순결하게 살라고 말씀하신다. 그러므로 하나님이 내게 주신 재능을 계발해서 지혜롭고 능력 있는 그리스도인이 되기 위해 끊임없이 배우고 실력을 키워야 한다. 이때 돈은 유용한 도구가 되어 삶의 과정마다 내게 도움을 주고 경제적 자유를 얻게 할 뿐아니라, 사명을 감당케 한다.

현대는 지식과 정보 사회이고 평생 학습 시대이다. 끊임없이 변화하는 새로운 환경에 적응해야 한다. 미래의 문맹은 글을 모르는 사람이 아니라 배움을 모르는 사람이다. 꾸준히 공부해야 이 시대를 잘 살아갈 수 있다. 일생을 통해 간절히 이루고 싶은 한 가지를 실현하게 해 주는 것이 평생 학습이다. 이때 돈은 학습의 풍요로운 밑거름이 된다.

이 작은 책자가 재테크를 배우고자 하는 당신에게 도움이 되길 바란다.

목차

인문학

1. 인문학의 목적

인문학은 인간의 본질과 인간이 처한 환경과 문화를 다룬다. 14세기 이후 새롭게 부각되고 있는 학문이다. '나는 누구인가?', '나와 너의 관계는?', '어떻게 살아야 하는가?'라는 질문을 끊임없이 유발한다. 이에 AI 시대에 필요한 상상력과 협업 능력 및 창의력을 향상시킨다. 나만 인간답게 사는 것이 아닌, 너도 인간답게 살게 하는 것, 그리고 훗날 먹고살 만하면 하는 학문이 아니라 지금 필요한 것이 인문학이다.

랜달 스트로스의 『스탠퍼드 인문학 공부』 인문학의 유용성과 목적

지식의 반감기가 급속도로 짧아지고 정보가 넘쳐나며 협력이 성공의 필수 요소가 된 시대이기에 인문학은 점점 더 중요해진다. 지식을 빠르게 습득하는 능력, 소통 능력, 추론 능력, 비판적 사고는 인문학교육을 통해 얻을 수 있는 역량이다... 인문학은 불확실한 미래를 준비하는 검증된 가장 강력한 방법이다. 인문학 교육은 직업에 유용하다!

경영학의 기본 개념과 배경에는 인문학이 있다.

-해리포터 시리즈는 300조 원의 경제 가치를 창출했다. 조앤 롤링의 상상력(이야기의 줄기는 신화, 그리스·로마·유럽의 고대 종교)이 끌어낸 것이다. 21세기는 상상력과 영감의 시대이고 스토리텔링의 시대다.

-미국 시카고 대학교가 노벨상의 온상이 된 것 또한 1929년 허친스 총장이 취임 후 시카고 플랜(the great book program)으로 고전 인문 100권을 선정함으로써 시작되었다고 한다. 젊은 날의 인문 독서는 생존이다.

-기업가나 금융 전문가들이 인문학에 심취하는 이유는 이를 통해 사업의 촉과 통찰력을 새롭게 하여 큰돈을 벌 수 있는 아이디어와 시대의 흐름을 읽는 능력과 미래를 보는 혜안을 얻으려고 하는 것이다.

2. 삶에 필요한 인문학

인문학 공부는 고전 읽기다. 그러나 인문학은 어느 특정한 학문이라기보다 인간에 관한 문제를 다루는 모든 학문을 포괄한다고 여겨진다. 넓게 보면 인간과 연관되지 않은 학문은 없다. 내 사고를 확장하고 깊어지게 하는 것은 다 인문학으로 받아들여 보자.

원동연 박사는 AI 시대 "미래는 인공 지능이 시키는 대로 사는 사람과 사고 능력을 키워가는 사람, 이 두 종류의 사람이 살게 될 것이다. 그래서 교육도 사고력 육성에 두어야 한다."라고 말한다. AI가 다양한 답을 제시해도 판단하고 선택하는 것은 내가 하고, 실행 순서도 AI가 결정하는 것이 아니라 내가 결정해야 한다.

스마트폰을 보기보다 책을 읽고, 부정보다는 긍정의 언어를 사용하며, 불규칙한 생활보다 건강한 생활 패턴으로 살고, 인간의 가치를 알기에 상대방을 존귀하게 대하는 것도 인문학적 사고방식이다.

① 인문학은 인문적인 사고가 삶에 유용하다고 '자기 설득'이 되어야 공부할 수 있다

백지연의 성공을 부르는 힘 『자기설득파워』에서는 'Self Persuasion Mechanism', 즉 자기 설득 기제가 내 안에 있다고 한다. 이것은 세상과 맞서기 전, 내 안에 먼저 채워야 할 내면의 힘이다. 이것이 작동되면 자기 설득 파워가 나온다. 먼저 나를 설득해야, 자기 경영이 되고 열정이 솟는다. 내 자녀도 스스로 자기 설득이 되어야 공부를 잘할 수 있다.

② 인문학은 생각을 확장한다

이지성의 『생각하는 인문학』을 보면, 월스트리트의 전설이라 불리는 퀀트들의 공통점은 단 하나다. 그들은 인문학에 조예가 깊다. 좀 더 구체적으로 말하면 그들은 치열한 철학 고전 독서로 단련된 철학적 두뇌로 투자 시장의 본질을 꿰뚫는 능력을 갖고 있다. 인간은 평생 5~10% 이내의 뇌만 쓴다고 한다. 생각이 확장되어야 세상 이치가 보이고 전체가 보인다. 고전 인문학은 생각이 확장된 사람들이 썼다.

③ 성경을 통해 인간을 이해하고 삶의 지혜를 얻는다

세계적인 베스트셀러 성경, 성경은 지혜의 원천이다. 종교적인 가르침만 아니라 삶의 유익한 많은 가르침을 담고 있다. 그리고 만나는 문제의 답을 제시하고 사고를 깊게 한다. 오랜 역사적 교훈을 통해 인간의 삶을 이해하고 지혜를 얻을 수 있다. 유럽과 미국, 한국의 근대사 100년의 사상과 문화에 영향을 끼쳤다. 막스 베버의 『프로테스탄티즘의 윤리와 자본주의 정신』에서는 개신교도들이 자신의 직업을 신이 내린 소명이라 믿고 성실하게 일하고 근검절약하여 자본을 축적함으로써 자본주의가 발전했다고 한다.

하나님이 자기 형상 곧 하나님의 형상대로 사람을 창조하시고. 그들에게 이르시되 땅을 다스리라 하시니라(창 1:27).

3. 인문학의 중심은 사람이다

성공과 행복의 중심부에는 '사람과 사람의 관계'가 있다. 성공도 실패도 인간관계에서 온다. 여기서 성공하면 성공하고 실패하면 실패한다. 인간관계의 작동 원리 중 가장 강력한 것은 성품이다. 성품을 아름답게 가꾸고 인간관계 기술을 터득해야 한다.

조선 최대의 거상 임상옥이 처음 장사를 할 때 만상의 홍득주와 나눈 이야기다.

홍득주: "자네는 장사가 무엇이라고 생각하는가?"

임상옥: "예, 돈 버는 것입니다."

홍득주: "아닐세. 사람을 얻는 것일세."

사람과 사람의 신뢰 관계를 통해 장사를 하는 것이다. '부'가 사람을 통해 오기에 관계에 정성을 들여야 한다. 인맥이 금맥이고 사람이 최고의 자산이다. 인문학으로 인간 심리를 이해하면 시장 경제체제도 자연히 알게 된다. 물론 기본은 실력이다. 오랫동안 자기 분야에서 땀과 눈물을 흘리며 실력을 길러야 한다. 어느 것 하나 하루아침에 되는 것은 없다. 된다면 가짜다.

내 인생의 변화 시점은 바로 지금이다. 세계지식포럼의 주제 〈지금부터 변화를 추구하라〉에서는 "개혁은 박수 받으면서 시작되지만, 막상 추진에 들어가면 지옥과 같은 싸움이 시작된다. 변화에 저항해도 언젠가는 변화를 받아들일 수밖에 없다. 변화를 막는 것은 결국 시간을 놓치는 것이다."라고 말한다.

나폴레옹은 "우리가 어느 날 마주칠 불행은 우리가 소홀히 보낸 어느 시간에 대한 보복이다."라고 한다.

인간관계의 성공을 위해 얼굴, 마음, 영성을 관리하라

첫인상을 결정하는 것이 얼굴이다. 링컨은 남자는 40세가 되면 자기 얼굴에 대하여 책임져야 한다고 말한다. 얼굴의 분위기는 긴 세월 동안 개인의 성격과 생활 태도에 의해 형성된다. 사람은 40개의 얼굴 근육으로 7천 개의 표정을 짓는다고 한다. 핵심은 눈이다. 눈동자가 빛나는 사람은 다른 사람에게 열정을 전한다. '마이다스 아이티' 회사의 회장은 직

원 채용 기준이 열정이라고 말한다. “열정이 무엇입니까?” 묻는 청년에게 그는 말한다. “눈입니다.”

마음의 상태에 따라서 생각과 감정이 얼굴에 반영된다. 심상이 고와야 얼굴 모양도 곱다. 항상 웃고 미소 지으라. 웃는 얼굴에 복이 찾아 온다. 20대부터 긍정적인 마음, 감사하는 마음을 키워라. 인생의 기반인 건강을 유지하는 비결도 항상 감사하는 마음을 갖는 것이다. 성경은 말한다. 무릇 지킬 만한 것보다 더욱 네 마음을 지키라 생명의 근원이 이에서 남이니라(잠4:23).

영성에 대한 정의는 다양하다. 영성은 근본적으로 인간의 본질을 이해하고 내 안에 하나님의 형상을 회복하여, 일상에서 신앙인답게 살아 내는 힘이다. 인간은 이 땅에 올 때, 영혼 속에 하나님의 형상이란 보물을 담고서 왔다. 꿈을 이루려면 내 안에 있는 하나님의 성품을 계발하면 된다. 좋은 성품으로 상대방을 존귀하게 대하는 것이 관계 성공의 비결이다. 히말리아 산자락 사람들의 인사말은 ‘나마스테’이다. 두 손을 가슴에 모으고 “당신 안의 신에게 경배를”이라고 말하며, 상대방 마음에 스며들어 있는 신의 형상에게 존경을 표한다.

4. 전체를 파악하는 능력

스마트폰을 손으로 끊임없이 굴리며 단편적인 것만 스킵하는 시대에는, 전체 그림과 맥락을 파악하는 능력이 필요하다. 숲과 나무를 한눈에 볼 수 있는 혜안을 키워야 한다.

인생은 차원의 문제다. 차원이 다르면 가치관이 다르고 취미와 욕망도 다르다. 인생을 한 차원 높은 시각에서 바라보면 전체가 이해된다. 성공과 행복은 어느 한 부분만 안다고 해결되지 않는다. 전체를 보아야 한다.

인간의 다양한 면을 이해하며 전체를 보라.

영	영성	신의 형상	신성	꿈 이후의 꿈	SQ
혼	인격	심 상	인성	꿈 나눌 꿈	EQ
육	실력	관 상	본성	꿈	IQ

무엇이 재정의 성공을 돕는가

① 명확한 목표 의식

인간의 모든 행동에는 지향하는 목표가 있다. 우리는 목표에 따라 생활 방식을 정하고 우선순위를 매긴다. 목표가 있으면 동기 부여가 되어서 도전하고 노력하게 된다. 전문가는 구체적인 목표를 설정하고 실행하지만, 아마추어는 목표가 불확실하고 막연히 희망만 한다.

② 긍정적인 마음가짐

할 수 있다고 하면 무언가 할 수 있지만, 못한다고 하면 아무것도 할 수 없다. 그래서 긍정이 중요한 것이다. 또한 긍정적인 마인드는 어려움을 극복하는 데 도움이 된다.

③ 계단식 성장

매일 서두르지 않고 준비하고 배우며 성장해 간다. 배우고 실행하는 작은 습관이 세월이 지나면 격차를 만든다. 오늘도 나는 목표를 향해 한 계단씩 올라가고 있는가. 한 계단씩 올라가다 보면, 기회는 온다. 하늘은 누구도 변명할 수 없을 만큼의 기회를 준다. 내 인생 최고의 때는 아직 오지 않았다. 믿고 차분하게 준비하자.

④ 돈에 대한 마인드

들어온 돈을 귀하게 여기고 새지 않게 확실히 관리하고 지출에 신중하다. 돈의 흐름을 파악하고, 많이 벌 수 있는 구조를 만들어 간다. 또한 전문가의 힘을 빌린다.

⑤ 독서력

돈과 독서량은 비례한다. 워런 버핏은 "독서를 이기는 것은 없다. 책을 통해 능력을 키워라."라고 한다. 독서력이 최고의 무기다. 부자들의 공통적인 습관은 하루에 1시간 이상 독서하는 것이다. 자청의 『역행자』를 보면, 그는 '22 전략'으로 매일 2시간씩 책을 읽고 글을 씀으로써 뇌가 최적화되어 성공 가도를 달린다. 그는 스무 살 무렵 인생에도 게임처럼 공략집이 있다는 것을 깨닫고 도서관에서 200여 권을 독파하여 얻은 치트키를 활용, 경제적 자유를 쟁취한다. 해 본 사람은 안다!

▶인문학과 경제는 서로 다른 분야이지만 밀접한 관계를 맺고 있다. 인문학적 지식을 바탕으로 인간의 욕구와 가치를 이해하면, 경제적 자유를 실현하는 데 도움이 된다. 인문학은 경제학의 발전에도 큰 영향을 미쳤다. 애덤 스미스의 '국부론'은 인간의 도덕적 가치와 자유로운 시장 경제의 조화를

강조했다. 현대 경제학에서도 인문학적 지식은 매우 중요하다. 인문학적 지식과 경제적 지식을 함께 습득하면, 보다 깊이 있는 사고와 창의적인 문제 해결 능력을 키울 수 있다(네이버 CLOVA X에서 검색).

재테크

헬 조선, '아프니까 청춘이다.', 3포, 7포, N포 시대, 5천 년 역사상 가장 풍요로운 시대에서 이런 말이 나온다는 것은 아이러니가 아닐 수 없다. 푸어시대라고 말들 하는데 가장 큰 문제는 호프 푸어(Hope Poor)다. 희망을 잃어 버린 것이다.

자본주의하에서 살아가는 동안 돈에 관련된 수많은 문제를 만난다. 돈으로 해결할 수 있는 일이 많고, 돈이 있었다면 겪지 않을 일도 있다. 돈은 우리가 희망하는 많은 것을 이루게 한다. 누구나 좋아하는 돈, 그래서 공부하고 직업을 갖고 사업도 한다. 그런데 돈 벌기가 만만하던가.

1. 재정적으로 어려운 이유

(1) 땀 흘려 얻은 소득을 간직하지 못했기 때문이다.

"네가 네 손이 수고한 대로 먹을 것이라 네가 복되고 형통하리로다"(시128:2). 내가 땀 흘려서 노력한 대가로 얻은 소득을 지키면 경제적으로 안정된 생활을 할 수 있다. 땀이 밴 돈은 귀한 것임에도 불구하고 고이 간직하지 않아서 문제가 생긴다.

① 가까운 곳에 내 재산을 축내는 사람들을 조심하라. 이웃에 대한 배려와 돈에 대한 개념이 없는 사람들이다. 바로 가족, 친척, 친구 중에 있다.

② 친척이나 친구가 돈을 빌려달라면, 주어도 타격 입지 않는 범위 내에서 그냥 주어라. 겉보기에 속아서, 막연히 무언가 기대하며 꾸어 주지 말라. 그들은 금융 기관에서 대출이 안 되니 온 것이다. 남자는 자존심 상 마지막으로 주변 사람에게 손을 내민다.

③ 고소득 유혹에 빠지지 말라. '세상에 공짜는 없다'는 말만 이해하면 유혹이나 사기당할 일이 없다. 공짜는 누군가 꼭 값을 치르게 되어 있다. 살을 주고 뼈를 달라는 세상이다. 어떤 투자의 소득이든, 금융 기관의 예금과 대출 금리가 기준선이니 이보다 과도하게 높은 것은 주의해야 한다.

④ 빚보증을 서 달라는 사람은 주의할 인물이다. 지혜없는 자는 남의 손을 잡고 그의 이웃 앞에서 보증이 되느니라(잠17:18).

⑤ 결혼 전, 여자와의 돈거래는 부모님과 상의 후 결정하라. 부모님에게는 연륜과 경험에서 체득한 지혜가 있고, 또 나를 잘 알기 때문이다.

(2) 경제 지식과 상식이 부족해서

기회는 준비하는 자에게 온다. 게으른 자는 평생 당하면서 '껄껄' 할 뿐이다. 황금 동굴에 이르는 자는 주식도, 부동산도 아닌 지식이다. 상식은 하늘이 준 지혜다. 보편적이고 합리적인 상식을 따르는 것이 재테크의 기본이다.

① 금융 상품을 이해하고 금융 기관별로 수익률도 비교, 분석해 보자.

② 재무제표는 기업의 건강 상태를 진단할 수 있기에, 1차 의사 결정의 판단 기준이다.

③ 고령화와 저출산, 실직과 정년 등 장애물이 앞에 있다는 것을 알아야 한다.

④ AI의 발달, 인구 변화 등으로 타겟이 수시로 변하고 있으니 변화의 물결에 대응하여 전략을 세우자.

⑤ 국내외 시장, 정치, 경제, 문화, 사회는 연결되어 있다. 여러 경로로 파악해야 한다.

※시간도 돈이니 기본적인 것만 익히고, 결정할 때는 전문가 활용을 권한다.

⑶ 돈에는 생산적 기능과 파괴적 기능이 공존한다는 것을 인지하지 못해서

돈은 경제적 자유를 제공함으로써 내가 하고 싶은 것을 상당 부분을 해결해 주고, 삶의 질도 향상시킨다. 문제는 어떻게 사용하느냐다. 돈을 사용하는 방식에 따라 삶은 변화하기도 하고 변질되기도 한다. 돈과 함께 관리 능력, 인격, 영성도 함께 따라가야 한다. 변질이 무엇인지는 다 알 것이다.

(4) 돈을 귀하게 여기지 않아서

자본주의하에서 돈은 땀의 결정체이고 귀한 것이다. 돈의 기능을 인정하고 푼돈도 귀하게 여기라. 생존의 고난을 겪어보지 못한 사람은, 돈 때문에 공부도 중단하고 빚에 짓눌려 힘들어하는 사람들을 보면서도 돈의 귀중함을 체감하지 못한다. '썩을 놈의 돈'이라 욕하지 말라. 돈을 소중하게 여긴다면 당신의 품으로 올 것이고 오래 머물 것이다. 부자들은 돈에도 인격이 있다고 말한다. 돈의 가치를 알면 의미 있게 쓴다.

※ 어떤 돈이든 다 귀하게 여겨야 한다. 공돈, 내 땀이 배지 않은 돈은 쉽게 써 버리는 경향이 있다. 돈이 생기면 일단 통장에 입금하고 기다려라. 그리고 계획적으로 지출하라. 공돈 속에는 헛된 욕망이 깃든다.

(5) 계획적으로 모으고 지출하고 저축하지 않아서

왜 돈을 버는가? 잘 살려고, 하고 싶은 것을 원 없이 하려고, 그러나 다 하려면 어차피 부족하고 또 불가능하다. 자신의 처지에 맞게 하고 싶은 것을 일단 정하고 돈을 모은다. 여행을 하와이로 가야만 맛이 아니다. 처지에 맞게 사랑하는 사람과 가면 된다. 차, 집, 외식, 의식주 등은 생활 수준에 맞

춘다.

거래 효용 이론상, '소비 결정은 상품과 무관하게 기준가의 영향을 받는다'고 하니 브랜드에 속지 말고 실속을 차려야 한다. 매월 수입의 30%를 일단 저축하면 저절로 근검절약하게 된다. 부자인 워런 버핏은 "쓰고 남은 걸 저축하는 것이 아니라 저축하고 나서 남은 게 있으면 써라."라고 한다.

(6) 빚으로부터 해방되지 못해서

가계 부채 1,000조 시대, 빚을 권하는 각종 유혹과 욕망에서 벗어나야 한다. 과시 소비를 유도하는 베블런재(가격 상승에 따라 수요 증가)에서 해방되어야 건전한 재무 구조를 구축할 수 있다. 그리고 '빚테크'에 신중해야 한다. 대출이 자산이라고 부를 때는 자신의 자산 운용 실력이 탁월한 경우다. 과도한 빚을 지지 않도록 주의해야 한다.

(7) 복리의 마법을 알지 못해서

모든 것은 세월이 흐르면서 쌓여 간다. 이자에 이자가 붙는 방식인 복리는 기하급수적으로 증가하여 미래의 나를 부유하게 만든다. 그래서 저축과 투자도 하루라도 빨리 시작해야 한다. '복리는 세계 8대 불가사의'라는 말도 있다. 뿌린 것보다 더 많이 수확할 수 있으니 말이다. 저축과 투자에 성공한 사람들은 모두 시간의 가치를 알고 있다. 20대에 복리의 마술을 이해하고 활용해야 경제적 성공을 이룰 수 있다.

돈에 대한 복리뿐 아니라 지식의 복리도 마찬가지다. 지식은 복리로 자라서 인생 전체에 영향을 미친다. 사실 20대는 지식에 지식을 더하는 시기다. 그래서 최고 재테크는 자신의 가치와 생산성을 높이는 자기 계발이다.

최근 신문 기사 내용

-취업, 결혼보다 재테크, 소비 적극

-젊은 시절 무형의 경험 쌓기 중시

-마이너스 통장으로 해외여행

-군에서 1천만 원 모아 전역 후 가장 하고 싶은 일, 1순위는 여행

-한편 허리띠를 졸라매고 저축하려는 이들이 늘고 있다.

'레드 퀸' 효과를 기억하라

환경과 같은 속도로 걸어 가면 제자리걸음일 뿐, 끊임없이

성장하지 않으면 도태될 수밖에 없다. 다른 곳으로 가기 위해서는 지금보다 최소한 두 배는 빨라야 한다. 오늘 쉬면 내일은 오늘 몫까지 해야 한다. 오늘 하루를 허투루 보냈는가. 그럼, 내일은 오늘 못한 것만큼 더 노력해야 따라갈 수 있다. 얼마나 힘들겠는가. 군에서 행군해 보지 않았는가. 처지면 따라가기가 배나 힘들다. 게으름을 이겨야 한다. 가난은 사람을 처지게 만들고, 부는 사람을 앞서가게 만든다.

2. 경제적 풍요를 위한 기본 전략

(1) 나도 부자가 될 수 있다고 긍정적으로 생각하고 말하라

부요한 생각은 자석처럼 부를 끌어온다. 빈곤의 생각은 가난을 끌고 온다. 내 속에 있는 부정적인 마음을 긍정적인 마음으로 바꾸기 위해서 늘 긍정의 말을 해야 한다. '나는 풍요로운 세상에 살고 있다. 기회는 반드시 온다! 내 안에는 자원이 있고 능력이 있고 재능이 있다'고 말하자.

사노라면 늘 문제는 내 앞에 있다. 이때 어떤 감정 상태로 처리하느냐에 따라서 극복하기가 쉽기도 하고 어렵기도 하다. 단순한 긍정의 심리 요법이 아니다. 기분과 감정은 생활에 큰 영향을 미친다. 그래서 뇌를 긍정적이고 유익한 방향으로 생각하도록 훈련시켜야 한다. 언어가 바뀌면 상황이 바뀌고 좋은 일도 생긴다. 생각과 말은 부를 담는 그릇이다.

부요한 생각 갖는 법

삶의 과정에서 작은 성공을 이룰 때마다 이웃과 '나누는

삶'을 사는 것이다. 나누고 봉사하는 가슴속에 풍부 의식이 깃든다. 아울러 이런 사람에게 사람들이 모이면서 정보도 풍성하게 얻을 수 있다.

부자의 소비 패턴

부자 의식이 있는 사람은 자기 계발과 자신을 업그레이드하는 것에 돈과 시간을 쓴다. 인맥을 관리하고 각종 세미나에 참석하며 성공 집단과 어울린다. 소비도 투자처럼 하기에 책 구매는 지식 투자이고, 헬스장 이용료는 몸에 대한 투자라고 생각한다. 투자성 지출을 하는 것이다. 또한 충동구매, 외상이나 할부 구매는 하지 않는다. 대체로 '한 달 규칙'을 적용하여 사고 싶은 것은 한 달을 기다린 후에 구매하는 습관을 지니고 있다.

빈자의 소비 패턴

빈자들은 기분을 좋게 하는 데 돈을 쓴다. 부자처럼 보이려는 허영 때문에 명품, 자동차, 장식품, 고급 커피숍을 좋아한다. 외식을 즐기고 사치스러운 친구를 가까이한다. 선물도 과하게 한다. 소비성 지출을 하는 것이다. 또한 신용 사회인데도 신용 등급이 미치는 영향에 대해 무관심하다. 마이너스 통장 사용, 대출 및 카드 대금 연체로 신용을 갉아 먹는다.

(2) 나쁜 습관을 고치자

나쁜 습관으로 낭비되는 시간과 돈을 계산해 보자. 나쁜 지출을 없애려고 작정하는 순간, 생활 패턴은 건전해진다. 율곡의 『격몽요결』의 첫 장 '입지, 뜻을 세우다' 그리고 입지를 행한 뒤에는 '혁구습, 나쁜 옛 습관을 타파하라'. 시골 의사 박경철은 어느 날 0시에 5가지를 끊었다고 한다. 술, 담배, 골프, 유혹, 도박.

(3) 절제의 능력을 키우라

소비의 해적선에 탑승하지 않고 절제된 삶을 사는 길은 주도적인 삶을 사는 것이다. 타인의 판단에 무관심하라. 수입이 증가하면 소비도 증가하는데 이때, 마음을 다잡고 씀씀이를 동일하게 해야 한다. 경제(economic)는 절약이다. 수입 범위 내에서 지출하고 평생 빚을 피하라. 돈을 더 벌기는 쉽지 않지만, 절약은 마음만 먹으면 할 수 있다. 정약용이 유배지에서 자녀들에게 보낸 편지는 다음과 같다. "언젠가 폐족을 면하는 길은 책을 읽고 독서를 하는 것밖에 없다. 재산이 없어 물려줄 것이 없는데 유산으로 부적 두 글자를 물려줄

테니 항상 지니고 다녀라. 그것은 바로 근검(勤儉)이다."

(4) 성공의 열쇠는 실행력과 습관이다.

재테크 방법을 알고 있다고 해도 실천에 옮기지 않으면 무슨 소용이 있겠는가. 실패를 두려워하지 말고 자신의 목표를 향해 나아가야 한다. 끊임없이 도전하고 준비하는 습관을 지니고 청년의 때를 보내야, 이후가 순탄할 것이다. 지식과 정보화 시대, 인생 최대의 무기인 '독서력'을 장착하고 내게 맞는 방법을 하나씩 배우면서 실천해 나가 보자.

3. 생애 주기별 전략

20대: 1단계로 종잣돈 만들기와 재테크 습관 기르기

시드 머니의 시작점이고 근로 소득에 집중하는 시기다. 일단 모아야 다가오는 기회를 잡을 수 있다. 소비는 뒤로 미루고 돈을 축적하는 자체를 즐겨야 한다. 종잣돈을 모으려는 강력한 의지를 가지고 공부하다 보면, 재테크 요령은 저절로 체득된다.

경제 공부를 하고 자기 분야의 전문 지식을 익히는 시기다. 경제 신문을 계속 읽고 신문 스크랩을 해 보자. 신문에는 살아 있는 정보, 돈의 흐름, 시장 상황을 볼 수 있다. 또한 신문 광고란을 보면 시장이 보인다. '몰랐다'는 변명은 안 통하는 시대니 항상 독서하라. 부자는 대개 독서광이다. 모르는 부분은 배우고 전문가의 조언을 구하면, 더 좋은 선택을 할 수 있다. 전문가를 주변에 많이 두는 사람이 재테크 성공 확률이 높다.

20대는 미래를 준비하는 중요한 시기다. 재테크도 중요하지만, 재능 계발도 중요한 시기다. 한 분야의 전문가가 되기 위해서 시간과 에너지를 자신에게 투자하라. 사회는 전문가를 요구하고 있다. 전문가가 되면 돈이 따라온다. 오늘부터 시간의 우선 순위를 정하고 전략적으로 살아야 한다. 시간은 금이고 인생 그 자체다.

카네기는 말한다. "어떤 직업을 택해도 좋으니 그 직업의 일인자가 되겠다고 다짐하라. 그 직장에 없어서는 안 될 사람이 되라는 말이다."

30대: 계속 시드 머니 축적, 종잣돈 늘리기. 자녀 기르기와 내 집 마련

40대, 50대: 사업 소득, 투자, 자녀 교육. 주택 확장, 노후 준비 시작

60대 이후: 자본 소득, 연금 등으로 제2의 인생을 산다.

초고령화 시대, 노후를 대비해야 연착륙을 할 수 있다. 주기마다 구체적인 금액을 정하면 실행력이 강해진다.

4. 저축과 투자

(1) 1단계, 저축으로 목돈 모으기

금융 서비스를 제공하는 금융 기관 구분

-제1금융권: 일반 은행, 지방 은행, 특수 은행, 카카오 뱅크 등

-제2금융권: 새마을 금고, 신용 협동조합, 상호 저축 은행, 증권 회사, 보험 회사 등

-기타 금융 기관: 여신 전문 금융 회사, 증권 금융 회사, 투자 신탁 회사 등

금융 기관에 방문하여 상담 후, 기관별로 비교하고 장단점을 파악하라. 금융 상품이 새롭게 계속 출시되고 있기에, 직접 상담을 통해 최적의 상품에 가입해야 한다. 은행마다 상품명이 다를 수도 있다. 질문은 언제나 좋은 것이다. 모르는 것이 문제다. 한 번쯤 금융 기관 순례를 해 보자.

-군적금(장병내일준비적금), 청년도약계좌, 연금저축펀드, ISA계좌

-청년내일저축계좌, 청년희망적금

-청년주택드림 청약통장. (청약통장은 종류별로 가입대상이 다르다. 출산가구 지원, 부부 혜택 등도 체크.)

-적립식 펀드

※상품별 우대 지원으로 임신, 출산, 다자녀, 비과세, 청년 관련 정부 지원 등이 있다.

금융 기관 이용하기

-저축 통장과 적금 통장을 만들고 거래를 시작한다.

-마이너스 대출 통장은 가능한 쓰지 말라. 한번 쓰면 갚기가 만만치 않다.

-신용 카드는 한 장만 쓰라. 현금을 쓸 때와 감각이 달라서 소비가 늘어난다.

-보험은 구체적으로 상담해야 한다. 본인에게 꼭 필요한 것만 가입하는 것이 좋다.

-펀드: 투자 위험이 적다는 장점이 있다. 주식 등과 연계된 상품이고 수수료가 있다.

재테크의 기본기는 일단 모으는 것이다. 다른 방법은 없다. 지름길도 없다. 처음부터 수입 한도 내에서 지출하는 근검절약하는 습관을 지녀야 한다. 그리고 지출하고 남은 돈은 시드 머니로 계속 저축해야 한다. 취업, 결혼, 내 집 마련, 노후 대비를 위해서는? 고민하지 말고 바로 지금부터 돈을 관리하면 된다.

『바벨론 부자들의 돈 버는 지혜』 늙은 부자 아카드의 비결, 1순위는 다음과 같다. "평생 버는 것보다 덜 쓰고 저축하는 것이다. 달걀 바구니 안에 있는 10개 중 9개만 꺼내 쓴다." 간단하지 않은가? 원래 진리란 단순한 것이다. 평생 자신이 버는 것보다 덜 쓰는 것이 부자들의 비결이다.

빌 게이츠는 이렇게 말한다. "가난하게 태어나는 것은 본인의 책임이 아니지만 가난하게 죽는 것은 본인의 책임이다."

(2) 투자

투자의 '트라이앵글'인 수익성(포인트), 환금성(유동성), 안전성(위험 배제)을 고려하여 균형이 있게 분산 투자해야 한다. 누구든 투자의 미래는 모른다, 투자(재테크)모임에 참여해서 함께 하는 것도 좋다.

투자 시 주의 사항

① 높은 수익에 대한 기대감

인간의 본성에는 탐욕적인 면이 있다. 감성이 의사 결정에 큰 영향을 미친다. 투자의 기본은 인간 심리 이해다. 적절한 수익률을 설정하고 위험을 관리해야 한다.

② 융통성의 부재

경제 환경은 끊임없이 변한다. 시장 변화에 대한 대처 능력이 부족하면, 투자의 때를 잃게 된다. 그래서 시장 상황이 변할 때마다 투자 전략을 수정해야 한다.

③ 급하게 서두르지 말라

부의 추월 차선보다 천천히 부자가 되는 길을 택하는 것이 좋다. 빨리 부자가 되려는 마음을 버려라. 세상에는 왕도가 없기 때문이다. 정도를 걸어야 한다. 부자는 획기적인 사건으로 되는 것이 아니라 지속적이고 착실한 과정에서 만들어진다. 한 단계씩 가다 보면 큰 기회가 온다.

④ 과거를 되새기지 말라

어떤 일로 손해를 볼 때가 있다. 본전을 찾으려는 욕구가 밀려오는데, 이때 들어가면 대체로 손해를 본다. 경험상 그렇다.

투자 대상에 대한 기본 지식을 익히고 정보를 수집한다

어떤 투자를 하든지 그 대상을 제대로 알아야 한다. 20대에는 투자의 기본기를 터득하기 위해서 투자 분야의 책 3권 정도는 읽고 시작해야 한다. 수익을 내려면 그에 걸맞은 공부가 필요하다. 부자들은 많이 듣되, 주변의 조언을 100% 믿지는 않는다. 반면에 서민들은 몇몇 사람에게 주워듣고서 투자한다. 언제든 남을 탓하지 말라. 이는 돈을 잃는 지름길이다. 모든 것은 내 탓이다! 인생살이가 다 그렇다.

투자는 타이밍이다

저축은 빠를수록 좋지만, 투자는 인내와 기다림이 필요하다. 사실 정석은 없다. 확실한 기회가 오면 잡을 뿐이다. 재테크는 경기의 호황과 불황에 좌우되므로 경기의 큰 사이클을 보아야 한다. 하락기의 투자는 특히 신중해야 한다. 물론 미래를 예측하는 능력이 있으면 위기는 기회다. 그래서 늘 준비하는 것이다.

주변에서 주식이나 부동산 등으로 돈을 벌었다는 소문이 나를 강력하게 유혹한다. 인생 내 것 내 것 되고, 네 것 네 것 되더라. 20대는 복리의 효과를 이해하고 자산을 축적해 가면서 기다리면 기회는 온다. 투자 대상에 대한 정보와 지식이 쌓이면 확신이 생긴다. 그때 해도 늦지 않다.

주식 투자

증권 시장은 자본주의 경제의 꽃으로 기업의 유용한 자금 조달 수단이고 경제의 성장과 발전을 위해 좋은 제도다. 또한 투자 수단을 제공한다.

주식은 재산을 증대시킬 수 있는 투자의 대상이지만 개인이 하기에는 어려움이 따른다. 주식 시장의 링은 체급별로 싸우는 곳이 아니라 헤비급과 라이트급이 함께 싸운다. 더구나 개인 투자자들은 전문적인 훈련을 받은 적이 없지 않은가. 20대의 주식 투자는 경험 부족을 체감하면서 만만치 않다는 것을 알게 된다. 또한 주식 투자는 중독성이 있을 수 있으니 스스로 통제할 수 있는 능력을 키우고 신중하게 접근해야 한다.

주식 투자를 잘하는 방법

성공적인 투자를 위해서는 철저한 준비와 학습이 필요하다. 기본적인 투자 원칙을 이해하고, 기본적 및 기술적 분석 방법을 활용하며, 투자 시 유의할 점들을 명확히 인식하는 것이 중요하다. 여기에 더해 투자 심리, 이동 평균선을 이용한 투자 방법, 그리고 공모주 투자까지 포함하여 종합적인 투자 전략을 수립해야 한다.

1) 기본적 분석

① 재무제표 분석

기본적 분석(Fundamental Analysis)은 주식의 내재 가치를 평가하여 투자 결정을 내리는 방법이다. 기업의 재무제표는 수익성, 안정성, 성장 가능성을 평가하는 데 중요한 자료다.

② 경제 지표 및 산업 분석

금리, 환율, 경제 성장률 등의 거시 경제 지표는 기업의 성과에 영향을 미친다. 이러한 지표들을 고려하여 주식의 내재 가치와 성장 가능성을 평가하는 것이 필수적이다. 또한 기업이 속한 산업의 성장 가능성과 경쟁 구도를 파악하는 것도 중요하다.

2) 기술적 분석

① 차트 분석

기술적 분석은 과거의 주가 움직임과 거래량을 분석하여 미래의 주가를 예측하는 방법이다. 주가의 추세를 파악하기 위해 차트를 분석하고, 추세선과 지지선, 저항선을 설정하여 향후 주가 움직임을 예측한다.

② 거래량 분석

주가의 변동과 함께 거래량을 분석하여 시장의 참여자들이 얼마나 적극적으로 매수 또는 매도에 나서는지를 파악할 수 있다. 주가 상승 시 거래량이 증가하면 강한 상승 추세로 판단할 수 있다.

3) 투자 심리

① 주식 투자는 심리 게임

주식 투자는 단순히 숫자와 차트에만 의존하는 것이 아니라, 투자자들의 심리가 큰 영향을 미치는 심리 게임이다. 시장의 움직임은 종종 투자자들의 감정에 의해 좌우되며, 특히 공포와 탐욕이 극단적으로 표출될 때 큰 변동성이 발생한다. 그래서 주식은 공포와 탐욕을 이겨야 성공한다고 한다.

② 손실 회피 경향으로 이익보다 손실을 더 크게 느끼는 경향이 있고, 확증 편향으로 자신의 기존 믿음을 강화하는 정보만을 수집하려는 경향이 있다.

4) 공모주 투자

공모주는 기업이 처음으로 주식을 공개하고자 할 때 투자자에게 배정하는 주식을 말한다. 공모주 투자에 참여하면 상장 초기 주가 상승을 통해 단기적인 이익을 얻을 수 있는 기회가 있다.

5) 주식 투자 시 유의점

① 장기 투자 및 분산 투자

단기적인 주식 시장의 변동성에 휘둘리지 않고, 장기적인 관점에서 기업의 성장 가능성을 보고 투자하는 것이 좋다. 또한 여러 종목에 분산 투자하여 리스크를 줄이는 것이 중요하다.

② 정보의 활용

신뢰할 수 있는 정보원(전문가)을 통해 시장 동향, 기업의 실적, 경제 상황 등을 지속해서 업데이트하고 이를 투자에 반영해야 한다. 전문가는 경험과 지식을 바탕으로 적절한 투자 전략을 제시해 준다. 자기 과신은 금물이다.

③ 손절매 전략

손실을 최소화하기 위해 손절매할 때는 해야 한다.

6) 추가 투자 전략 및 고려 사항

① 가치 투자

② 성장주 투자

③ 배당주 투자

7) 목표 설정과 세부 투자 전략

① 투자 목표 설정

장기적으로 재정적 독립을 달성하거나 단기적으로 특정 금액을 모으는 등 구체적인 목표를 설정하고, 목표에 맞는 전략을 수립해야 한다.

② 위험 감수 성향 파악

개인의 위험 감수 성향에 따라 투자 방식을 달리해야 한다. 자신의 성향에 맞는 포트폴리오를 구성하여 리스크를 관리하는 것이 중요하다. 공격적인 투자 성향이면 성장주나 공모주에 더 큰 비중을 둘 수 있으며, 보수적인 투자 성향이면 안정적인 배당주나 채권에 더 많이 투자할 수 있다. 주식 투자는 자기 자산의 일정 범위 내에서 이루어져야, 투자 손실이 발생해도 리스크도 적고 마음도 편하다.

③ 포트폴리오 구성

다양한 종목에 분산 투자하여 리스크를 줄인다. 주식 외에도 채권, 부동산, ETF 등 다양한 자산에 분산 투자하는 전략이 필요하다. 이는 특정 자산군의 변동성에 의한 위험을 최소화하고 안정적인 수익을 기대할 수 있는 방법이다.

8) 시장 사이클과 경제 흐름 이해

① 경제 주기 이해와 인플레이션

② 금리와 통화 정책

결론

주식 투자는 철저한 분석과 계획, 감정 조절이 필요한 복잡한 과정이다. 기본적 분석을 통해 기업의 가치를 평가하고, 기술적 분석을 통해 주가의 추세를 파악하며, 투자 심리와 행동 경제학(심리학과 경제학의 융합)을 이해함으로써 더 나은 투자 결정을 내릴 수 있다.

투자 목표와 계획을 명확히 설정하고, 일관된 전략을 실행해야 한다. 장기적인 관점에서 꾸준히 학습하고, 자신의 투자 성향에 맞는 전략을 선택하여 지속해서 개선해 나가는 것이 성공적인 주식 투자의 핵심이다.

20대에 주식 투자를 한다면

최고의 자산은 젊음과 시간이다. 전문적인 지식이 부족하거나 시간적 여유가 없는 사람에게는 간접 투자 방식(펀드 등)을 권한다. 또한 시장의 흐름을 파악하기 어려운 환경에 있는 사람도 마찬가지다. 직접 주식 투자는 여유 자금으로 최우량주를 사서 부동산처럼 장기로 푹 묻어 두는 것도 좋은 방법 중 하나다.

주식 투자를 하는 20대가 많다는 이야기를 듣고, 혹시 실수하면 어쩌나 하는 마음에 내용이 길어졌다.

마무리하며, 크리스천은 주님의 관점으로 모든 것을 보고 듣고 해석해야 한다. 그런데 주식을 하면서 모든 것이 주식의 관점으로 과하게 연결된다면, 신앙생활에 영향을 미칠 수 있다. 이때는 주식 투자 방식을 조정하거나 다른 곳에 투자하는 것까지도 고려해야 한다. 세월이 지나면 이것이 올바른 길이라는 것을 깨닫게 된다.

부동산

부동산은 첫째도 위치고 둘째도 위치고 셋째도 위치다. 부동산은 입지로 가치가 평가된다. 어디에 있는지가 중요하다. 그래서 부자들은 정보를 챙기고 나서 반드시 현장 방문하여 꼼꼼히 확인한다. 부동산은 공산품처럼 비교할 수 없기에 발품을 팔아야 한다, 그다음은 미래 가치다. 부동산 투자는 기다림의 재테크다.

부동산 종류별 투자

주거용 주택: 주거 안정과 자녀들의 교육을 생각하여 움직이는 것이 좋다. 교육이 백년지계이기 때문이다. 그래서 자녀가 초등학교 가는 시점에는 내 집 마련 계획을 세워야 한다. 또한 직장이나 사업장 출퇴근 시간이 1시간 이내 위치가 좋다. 부동산 포털 사이트에서 일단 검색하고 현지 부동산 중개업소를 탐방하라.

상가 투자: 발품에 발품을 팔고 수없이 검토한 후, 신중하게 결정해야 한다. 상가는 건설 원가 대비하여 고평가된 상품이다. 상권 분석도 해야 한다.

토지: 전, 답, 임야, 잡종지 등 지목이 다양하다. 땅은 개발과 발전 여부가 가장 중요하다. 토목 측량 설계 사무소, 군청에 들어가서 확인해 본 후에 사야 한다. 개발되는 땅이 있고, 개발에 규제가 있는 땅이 있다. 부동산은 부동산 공법에 따라 행위 제한을 받는다.

부동산 구입 시 금융 기관 대출: 일반적으로 부동산을 구입 할 때 융자를 받는다. 이때는 자신의 자금과 대출금 상환 능력을 고려해야 한다. 부채가 자산 증식용이 되면 빚이 마법의 지팡이가 되기도 하지만, 적절한 수준에서 레버리지를 활용하는 것이 중요하다. 욕심은 금물이다.

※ 평소 공인 중개사와 친분을 유지하면 좋은 정보를 얻을 수 있고, 기회를 잡을 수 있다. 부동산 종합 컨설턴트를 만나서 상담하고, 최종적으로 확신이 올 때 투자한다. 미심쩍으면 또 묻고 물어라. 부동산 투자는 공부하는 것보다, 잘 묻는 것이 더 중요하다. 전문가는 안다! 부동산은 기본 지식과 안목을 키우는 데 장시간 소요되는 투자 종목이다.

부동산의 장단점

장점: 자본 이득과 운영 수익, 레버리지(Leverage) 효과, 인플레이션에 강하다. 소유했다는 만족감

단점: 거액의 손실 가능성, 낮은 환금성, 세금, 유지관리 비용 등

그 외 투자처

- 채권: 국채. 지방채, 회사채, 금융채, 특수채 등으로 금리 변동 예측이 필요하다.

- 네트워크 마케팅, 코인: 기어이 한다면 기본적인 공부를 하고 주변 사람들과 전문가에게 물으면서 신중에 신중을 더하여 접근해야 한다.

-N잡: 블로그, 소셜링, AI 라벨링, 유튜버, 번역, 편의점 등 아르바이트는 자신의 목표와 진로를 고려하여 경험을 쌓을 수 있는 분야의 일을 하는 것이 좋다.

총정리하면서

자본주의하에서 재테크는 내 인생에 대한 예의다. 돈이 품위 있게도 하고 저급하게도 한다. 급변하는 현실 속에서 계속 저축과 투자에 관해 배워야 한다. 상어는 부레가 없기에 끊임없이 몸을 움직여서 바다의 제왕이 됐다. 자신의 삶을 풍요롭게 만들기 위해서는 땀 흘리며 꾸준히 노력해야 한다. 나이가 들수록 경제적인 안정이 필요하다. 삶의 여유와 안식은 준비한 자만이 누릴 수 있다.

100세 시대, 노후에는 하고 싶었던 것도 하고 배우기도 하면서 사회봉사도 해야 하지 않겠는가? 진정한 부자는 시간과 자원을 지속적으로 투자해서 재산을 축적한 후, 나누고 봉사하며 보람된 인생을 살아간다.

『청년의 길 33 전략』의 '3331 전술'을 항상 기억하라. '3번 생각하고, 3번 물어보고, 3번 기도한 후, 1번 행하라' 그리하면 시행착오는 줄고 성공 확률은 높아진다. 생각 없이 살면 사는 대로 생각하게 된다는 말은 역시 명언이다.

최선의 삶을 살아가노라면, 성공과 행복은 따라온다고 믿는다. 우리는 언제나 좋고 나쁜 것을 놓고 고민하지는 않는다. 최선과 차선을 놓고 선택의 고민을 한다. 차선은 최선의 적이다. 최선을 다하면 길이 있지 않겠는가.

인문학과 재테크를 여행해 보았다

인터넷 시대이고 AI 시대이기에 다 안다고들 한다. 그런데 미래를 향해 한 걸음이라도 내딛을 수 있는가. 정보와 지식과 기술만으로는 앞으로 나갈 수 없다. 지식이 존재화되어서 삶으로 연결될 때 비로소 진정한 앎이 되어 내 삶을 움직여 간다. 이때 인문 지식은 삶의 다양한 측면과 상황을 이해하는 데 유용하게 활용된다. 가장 긴 여행길은 머리에서 가슴까지 가는 여행이다.

▶돈을 벌고 불리는 능력으로 재산이 축적되었다면 이 돈을 평생 지속해서 유지하고 관리하는 데 필요한 것이 인문학과 말씀의 영성이다. 마음을 다스리는 힘이 거기서 나오기 때문이다.

먼저 인문학을 언급했으니 이제 돈에 대한 잠언의 지혜를 살펴보고자 한다. 무엇이든지 하나님 말씀을 붙들고 기도하고 궁구하면 거기서 무궁한 삶의 지혜가 나온다.

3장

지혜로운 재물 관리

개미에게 가서 그가 하는 것을 보고 지혜를 얻으라(잠 6:6).

예수님의 가르침 속에는 38가지의 비유가 있다. 이 중의 16가지가 돈을 어떻게 다루느냐에 관한 비유다. 성경에 기도나 믿음이란 단어보다 돈과 재산에 관한 이야기가 더 많이 나온다. 세상은 돈에 대해 많은 것을 가르치나 교회는 그렇지 못하다. 삶의 지혜를 다룬 잠언서를 보면서 지혜로운 재물 관리에 대해 알아 보자.

돈 자체는 선악적 성품이 없다. 돈은 그저 돈일 뿐이다. 돈은 범사에 이용되느니라(전10:19). 성경은 돈이 악하다는 것이 아니라 돈에 대한 사랑이 일만 악의 뿌리라는 것이다. 돈은 선한 도구일 수도 있고 악한 도구일 수도 있다. 그래서 하나님이 내게 맡겨 주신 돈을 '청지기 정신'으로 관리하고 통제해야 한다. 땅과 거기에 충만한 것과 세계와 그 가운데 사는 자들은 다 여호와의 것이로다(시24:1).

돈이 없을 때, 우리는 비참함을 느낀다. 우리 인생의 주인이 하나님이라고 고백해도 빈 주머니가 우리를 슬프게 하는 것은 자본주의 사회에서 살기 때문이다. 돈 때문에 우리의 가치가 결정될 때가 많다. 그래서 탈무드에서 남자의 가장 큰 상처는 '빈 지갑'이라고도 한다.

돈이 많음도 큰 시험이 된다. 돈은 일용할 양식을 채우지만, 때론 육체의 소욕과 탐욕스러운 욕망을 구체화하는 수단이 되기 때문이다. 돈은 본질적으로 악하지 않지만, 악함을 유발할 요소가 있기에 위험하다는 것을 망각해서는 안 된다. 카네기(Dale Carnegie)는 고난을 이겨 내는 사람이 백 명이라면 번영을 이겨 내는 사람은 한두 명에 불과하다고 말한다. 지혜로운 자의 재물은 그의 면류관이요 미련한 자의 소유는 다만 미련한 것이니라(잠14:24).

잠언서는 재정의 문제를 어떻게 다루는가?

1. 재물에 대한 하나님의 뜻

하나님은 인간을 창조하시고 복을 주셨고(창1:27) 믿음의 조상 아브라함에게도 복을 주셨다(창12:2). 잠언에서 부는 가난보다 낫다고 한다. 그러나 궁극적인 선은 아니라고 한다. 부가 인생의 목적이 돼서는 안 된다. 우리의 본분은 하나님을 경외하는 것이다.

구약 성경의 신명기에서는 하나님 말씀에 순종하면 번영과 성공을 보증하지만 불순종하면 고난과 재앙을 초래한다. 하나님은 풍성하신 분이시기에 당신의 백성들이 말씀에 순종함으로 풍성하게 살기를 원하신다. 나를 사랑하는 자가 재물을 얻어서 그 곳간에 채우게 하려 함이니라(잠 8: 21). 여호와께서 주시는 복은 사람을 부하게 하고 근심을 겸하여 주지 아니하시느니라(잠 10: 22).

구약성경에 담긴 지혜로 최선을 다하는 유대인

세계 경제를 흔드는 유대인들은 10대 때부터 자녀들에게 재테크 교육을 가정과 학교에서 시작한다. 이제는 이 시대에 부응하여 AI 강국이 되었다. 엔비디아나 애플 중심에는 이스라엘이 있다. 또한 그들은 쉐마교육을 마음에 새기고 자녀들에게 가르친다. 그들만의 고유한 탈무드를 공부한다.

하림그룹 김홍국 회장

"하나님이 나에게 주신 은사와 나를 향한 목적에 맞는 일을 하면 누구나 탁월해질 수 있고 축복받을 수 있다."라고 말한다. 재물을 얻는 능력(은사, 지식, 지혜)을 갖추고 올바른 방법으로 운용할 줄 알면 하나님이 축복하신다.

2. 재물을 얻는 방법

① 게으름 부리지 말고 부지런하고 근면하게 생활하라

잠언의 영성에서는 하나님이 게으름을 지적하신다. 하나님이 아담에게 말씀하신 대로 이마에 땀을 흘리며 부지런히 노동하라는 말이다. 바울은 일하기 싫거든 먹지도 말라고 했다. 농촌 발전에 기여한 가나안 농군 학교에서도 똑같은 말을 한다. "일하기 싫거든 먹지도 말라. 한 손에는 성서를 한 손에는 괭이를!" 가난한 이유는 게으름이다. 개미는 부지런하게 스스로 움직인다. 개미가 하는데 인간이 못하랴.

게으른 자여 개미에게 가서 그가 하는 것을 보고 지혜를 얻으라. 개미는 두령도 없고 감독자도 없고 통치자도 없으되, 먹을 것을 여름 동안에 예비하며 추수 때에 양식을 모으느니라. 게으른 자여 네가 어느 때까지 누워 있겠느냐 네가 어느 때에 잠이 깨어 일어나겠느냐 좀더 자자, 좀더 졸자, 손을 모으고 좀더 누워 있자 하면 네 빈궁이 강도같이 오며 네 곤핍이 군사같이 이르리라(잠 6:6-11)

② 방종하지 말라

연락을 좋아하는 자는 가난하게 되고 술과 기름을 좋아하는 자는 부하게 되지 못하느니라(잠21:17)

연락, 방종, 방탕. 욕망대로 사는 것이 궁핍의 원인이다. 한국 사회의 밤 문화를 경계해야 한다. 술과 연관된 각종 유혹이 있으니 평생 근신해야 한다.

너희 보물 있는 곳에는 너희 마음도 있으리라(눅12:34). 물질이 가는 곳에 마음도 따라간다. 돈을 어디에다 쓰느냐는 간단한 문제가 아니다. 돈을 따라 몸도 마음도 가기 때문이다.

③ 땀 흘려 번 돈을 '곳간의 원리'대로 곳간에 양식을 모으라

여호와께서 명령하사(command) 네 창고와 네 손으로 하는 모든 일에 복을 내리시고 네 하나님 여호와께서 네게 주시는 땅에서 네게 복을 주실 것이며(신28:8)

(앨 잰들·밴 크로치, 『곳간 원리』, 크리스천 부자 원리 중 '저축하는 습관' 구절)

요셉은 풍년의 때에 흉년을 대비해서 곡식을 창고에 저장

했다. 젊은 날, 좀 궁핍할지라도 모으기를 시작하면 100세 시대에 내게 맡겨진 사명을 감당할 수 있다. 하나님의 말씀따라 살면 저절로 근검절약함으로 돈이 모이고 곳간은 풍성히 쌓인다.

창고(곳간)란 저축하는 것이다

무언인가 새로 구입하기에 앞서 먼저 늘 질문을 해 보자. '이걸 정말 사도 될까? 아니면 살 돈을 차라리 곳간에 저축하는 것이 나을까? 이 질문 하나로 당신은 검소해지기 시작할 것이고 카드 빚에서 확실히 해방될 것이다.

없을수록 마음의 궁기로 더 먹고 더 쓰고 싶은 것이 인간 심리이기에 실행하기가 만만치 않다. 원래 인간은 무언가 채워져야 행복하게 되어 있다. 현실은 좀 부족해도 마음속에 부요하신 하나님이 계시면 자족하는 마음이 있기에 가능하다. 자족하면서 절제된 삶을 사는 것이 성공과 행복의 길이다.

나는 자족하기를 배웠노니 나는 비천에 처할 줄도 알고 풍부에 처한 줄도 알아 모든 일 곧 배부름과 배고픔과 풍부와 궁핍에도 처할 줄 아는 일체의 비결을 배웠노라. 내게 능

력 주시는 자 안에서 내가 모든 것을 할 수 있느라(빌4:11)

④ 200%의 자원으로 살아가라

신앙인은 하나님이 100% 해 주신다는 믿음으로 산다. 하나님이 도와주시지 않으면 망할 것같이 간절히 기도한다. 그리고 삶의 현장에서는 내 힘으로 100% 노력한다. 그러니 잘 살 수밖에 없다. 세상은 이 비밀을 모른다.

3. 재물을 좋은 땅에 심어라

사람은 무엇을 심든지 심은 대로 거둔다. 부요는 받기 전에 심는 것이다. 봄에 땀 흘려 씨앗을 심어야 가을에 열매를 맺는다. 좋은 땅에 씨앗을 뿌려야 한다. 성경에 좋은 땅이란 말씀을 듣고 받아 결실하는 것(막4:20)이다. 돌밭 같은 마음이라면 마음 밭을 새롭게 기경하고 씨를 심어야 한다. 그리하면 풍성히 거둔다.

이제까지 말한 인문학과 재테크를 활용하여 먼저 시드 머니를 축적하고 투자처에 심어야 한다. 20대의 시간과 에너지를 자산 형성에 투자하고, 지식에 투자하고, 인간관계에도 투자하자. 무엇이든지 함께하면 시너지가 발생한다.

하나님과 함께해야 한다. 농부가 열심히 씨를 뿌리고 땀을 흘려 가꾸어도 하늘에서 비가 내리지 않으면 어떻게 되겠는가. 영속적으로 자라나게 하시는 하나님의 손길을 원한다면 겸손해야 한다. 겸손 'humility'는 흙을 의미하는 라틴어

'humus'에서 유래했다. 겸손한 마음 밭에 풍성한 열매가 열린다. 하나님은 겸손한 자에게 은혜를 주시기 때문이다.

나는 심었고 아볼로는 물을 주었으되 오직 하나님께서 자라나게 하셨나니.(고전3:6)

또한 좋은 땅에 심는다는 것은 얻은 재물을 하나님의 뜻에 맞게 쓰는 것이다. 그리하면 하나님은 풍족하게 채워 주신다. 크리스천은 영혼을 구원하는 일과 사회를 유익하게 만드는 일에 사용하는 데 인색하지 않아야 한다.

구제를 좋아하는 자는 풍족하여질 것이요 남을 윤택하게 하는 자는 자기도 윤택하여지리라.(잠11:25)

'꿈 너머 꿈'을 이야기하는 고도원은 "자기가 꿈꿔 온, 의미 있는 일이라면 돈을 낙엽처럼 태울 줄 알아야 한다."라고 한 『뿌리깊은나무』의 故 한창기 사장의 말을 인생 지침으로 삼고, 집을 팔아 충북 충주에 '깊은산속옹달샘'을 운영하며 사회에 유익한 일을 하고 있다.

프롤로그에서 언급한 이삭의 삶은 어떠했을까. 믿지고 산 이삭은 존경 받는 거부가 되었다. 비가 적은 가나안 땅에서는 우물은 생명과 같은 자산이다. 이삭이 우물을 파면 항상 물이 나왔다. 이웃들이 시기하여 떼를 쓰면서 우물을 달라고 하면 다투지 않고 바보처럼 양보했다. 이삭은 하나님의 약속을 믿었다. 그들은 이삭이 가는 곳마다 번영하니 하나님께 복 받은 사람인 것을 알고 화친을 맺는다.

결론

청년의 때에는 개미처럼 부지런히 일하고 재물을 모아야 한다. 모은 재물을 좋은 땅에 심으면 풍성한 결실을 맺는다. 하나님의 은혜이고 축복이다. 이 복으로 이웃을 섬기며 빛과 소금의 역할을 온전히 감당해야 한다.

잠언서의 핵심 구절은 '여호와를 경외함이 지식의 근본이라'다. 부를 얻고자 하면 먼저 하나님을 경외해야 한다. 여호와를 경외함의 보상은 재물과 영광과 생명이라(잠22:4)고 말씀하신다. 잠언을 쓴 솔로몬 왕은 먼저 지혜를 구하였더니 지혜뿐 아니라 이에 더하여 구하지도 아니한 부귀와 영광을 주신다. 하나님이 주시는 분복(分福)이다.

하나님이 내게 맡겨 주신 재물과 허락하신 삶의 시간은 그 분의 뜻에 맞게 쓰라고 주신 선물이다. 선한 청지기가 되어 하나님께 영광을 돌리는 크리스천이 되자.

부록1. 김만성의 讀한 자기성장(39)
지혜롭게 살기

세상을 살아가면서 필요한 것이 지혜이다. 지혜가 부족하면 머리가 혼란스럽다. 복잡한 현대 사회이기에 보이는 것만 보는 것이 아니라, 전체를 보면서 선택하고 결정해야 한다. 삶을 행복하게 하는 지혜란 무엇인가?

지혜는 전체를 보는 능력이다. 전체를 알지 못하면 언젠가는 일이 터지게 되어 있다. 저수지의 둑이 무너지는 것은 어디엔가 조그만 구멍이 있기 때문이다. 견고한 성이라도 한곳이 뚫리면 함락된다. 중세에는 지혜 나무의 열매를 천문학, 기하학, 음악, 산술, 문법, 수사학, 논리학 등 7가지로 보았다. 단편적인 지식과 정보만 가지고는 문제를 풀어 갈 수 없다. 혹시나 회사 퇴직 후, 새로운 사업을 계획하고 있다면 바닥부터 알아야 한다. 사업가와 샐러리맨의 생각은 하늘과 땅 차이이다.

지혜는 가운데를 꿰뚫어 보는 안목이다. 인간의 욕망과 돈의 속성을 알아야 하고. 현상 속에서 본질을 파악해야 한다. 우수한 세일즈맨들은 조직 내에서 누가 키 맨인지 정확히 안다. 누구를, 어떻게 공략해야 거래가 성사되고 실적을 올릴 수 있을지 직감적으로 감지한다. 지혜자에게는 핵심 가치를 파악하는 통찰력이 있다.

지혜는 분별력이다. 사람을 분별하고, 시와 때를 분별해야 한다. 만날 사람과 안 만날 사람, 볼 것과 안 볼 것, 할 말과 안 할 말, 갈 곳과 안 갈 곳이 있다, 12시가 넘어도 집에 안 들어가는 밤 문화를 근절해야 한다. 지혜로운 사람은 자신의 한계를 알고 자신을 분별할 줄 안다. 할 수 있는 것은 열심히 하고, 할 수 없는 것은 겸손하게 도움을 요청한다. 자신에 대해 판단하고 조절하는 메타인지 능력을 키워야 한다.

지혜는 마음속에서 나온다. 마음의 정원을 잘 가꾸어야 한다. 또한 지혜는 경청에서 온다. 그래서 지혜의 왕 솔로몬은 '듣는 마음의 지혜'를 하나님께 구했다. 그리고 지혜는 책 속에 있다. 세상 지혜서와 성경 잠언서를 반복하여 읽으면 된다. 단지 지혜의 진수를 깨닫고 삶에 적용하는 것이 너무 늦을 뿐이다. 끊임없는 배움과 훈련 속에서 얻어지는 참된 지혜는 우리를 행복하게 한다.

『지혜의 탄생』에서 로버트 스턴버그는 지혜로운 사람을 다음과 같이 정의한다. 지혜로운 사람은 다른 사람의 말에 귀를 기울이고, 여러 조언들을 비교할 줄 알며 다양한 종류의 사람들을 상대할 수 있다. 지혜로운 사람은 결정을 내리기 위해 최대한 많은 정보를 얻으려고 하며, 분명하게 얻을 수 있는 정보를 이용할 뿐 아니라 행간을 읽을 줄도 안다. 지혜로운 사람은 분명하고 분별 있으며 공정한 판단을 내리는 데 특히 뛰어나고, 이렇게 내린 판단에 대한 단기적 결과뿐 아니라 장기적 결과도 고려한다. 타인의 경험으로부터 도움을 얻고, 자신의 실수뿐 아니라 타인의 실수에서도 배우며 지각하는 사람이다.

부록2. 김만성의 두레샘(27)
좋은 언어 습관

병사들에게 '언어 습관'에 대해 강의할 때 "힘들다. 바쁘다"는 말은 하지 말라고 권면한다. 언어 습관이란 '사람이 말하기, 듣기, 읽기, 쓰기의 언어생활을 하는 가운데 자연스럽게 만들어진 습관'이라고 하니 말뿐만 아니라, 매사에 올곧게 살아야 한다.

힘들지 않은 삶이 어디 있으랴. 문제없는 세상도 없다. 삶 속에서 힘겨운 문제는 파도처럼 밀려오기에 문제를 안고서 살아가는 기술을 터득해야 한다. 이때 가장 중요한 것은 말이다. 말에는 견인력이 있어, 앞에서 내 인생을 끌고 가는 말(馬)이다. 내가 힘들다고 말하면 내 귀가 듣고, 수억 개의 세포에 전달한다. 세포들은 주인님 말 한마디에 축 늘어지고, 이내 후줄근해진다. 부정적인 말이 몸에 스며들기 때문이다. 힘들던 시절, 마음속으로 다짐했다. '내 인생 내가 산다! 공연히 힘들다고 말해 부정적인 이미지를 만들지 말자!'

얼마나 바쁜 세상인가. 삶의 내공을 쌓아야 한다. 바쁨에 함몰되면 여유가 사라진다. 인간관계에서 데미지를 주는 것이 바로 바쁜 모습이다. 바쁘면 상대방의 말을 경청할 수가 없기에 의사소통이 잘 안된다. 그래서 나는 바쁘다고 말하거나 분주한 사람을 멀리한다. 그 사람에게 걸림돌이 될까 봐 마음이 쓰인다. 폭주하는 카톡과 이메일의 문자 세계에서 좀 더 우아한 언어를 씀으로써 친밀한 관계를 형성해 보자. 세미한 몸짓에서도 여유로운 모습으로 아비투스(습관, 품격)에 날개를 달자.

언어의 품격을 높이려면 긍정의 언어를 써야 한다. 이는 상대방에게 긍정의 에너지와 활력을 주기 때문이다. 이때 내 자존감도 높아진다. 병사들에게 늘 당부한다. 누가 백번을 물어 봐도 할 수 있다고 말하라! 예수님이 말씀하신다. "할 수 있거든이 무슨 말이냐 믿는 자에게는 능히 하지 못할 일이 없느니라"(막9:23). 말에는 능력이 있다. 영향력, 성취력, 창조력이 담겨 있다. 청계천 의류 공장과 군 생활 속에서 할 수 있다는 믿음으로 은행 취업 준비를 했다. 내성적인 내가 지점장으로 발령받는 날, 거울 앞에서 수없이 외치고 외쳤다. "할 수 있다!"

내 말은 내 귀가 들을뿐더러 하나님이 듣고 계신다. 가나안을 정탐하고 온 믿음 없는 정탐꾼 10명의 말에, 하나님은 “너희 말이 내 귀에 들린 대로 내가 너희에게 행하리니”(민14:28)라고 말씀하신다. 젖과 꿀이 흐르는 가나안 땅은 영적인 배짱과 믿음이 있어야 들어가는 영토였다. 이에 더하여 전략과 실력이 있어야 한다. 여호수아에게는 가나안 땅 정복 전략이 있었고, 다윗에게는 자신만의 무기와 실력이 있었다.

언어가 미래를 창조한다. 미래의 씨앗을 심듯이 말하라. 좋은 열매는 좋은 언어 습관의 산물이다. 사람은 입의 열매로 인하여 복록을 누린다(잠13:2).

크리스천
청년
재테크

초판 1쇄 발행 2024년 10월 30일

지은이 김만성
펴낸이 이기봉
편집 좋은땅 편집팀
펴낸곳 도서출판 좋은땅
주소 서울특별시 마포구 양화로12길 26 지월드빌딩 (서교동 395-7)
전화 02)374-8616~7
팩스 02)374-8614
이메일 gworldbook@naver.com
홈페이지 www.g-world.co.kr

ISBN 979-11-388-3622-7 (03320)